Antar Pradeep
Heilende Meditationen

Heilende Meditationen

13 Stufen zur Ganzheit von Körper, Seele und Geist

Antar Pradeep

Swami Prem Jayant Verlag

Die Deutsche Bibliothek - CIP Eintrag

Pradeep, Antar:
Heilende Meditationen : 13 Stufen zur Ganzheit
von Körper, Seele und Geist / Antar Pradeep. -
Erfelden am Rhein : Swami-Prem-Jayant-Verl.;
(Norderstedt) : Libri Books on Demand, 2001
    ISBN 3-8311-1492-7

2001
ISBN 3-8311-1492-7
Copyright 2001 by Swami Prem Jayant Verlag,
Erfelden am Rhein
Alle Rechte vorbehalten
Satz und Layout: Swami Prem Jayant Verlag,
Titelbild: Rena Lévano Casas
Printed in Germany
Herstellung: Books on Demand GmbH

Einleitung

Meditation ist so alt wie die Menschheit. Ob im Rahmen religiöser Rituale, beim Sitzen in der Hitze der sommerlichen Mittagssonne, dem Entspannen beim Angeln oder dem Blick in eine ruhig vor einem liegende Landschaft, immer und überall gab und gibt es die Möglichkeit, die eigenen Gedanken für einen Augenblick vollständig verklingen zu lassen, um ganz wach zu sein, ganz offen und frei für den Moment und für das, was zu diesem Zeitpunkt um einen herum und in einem selbst ganz konkret geschieht, hier und jetzt, nicht in der Vergangenheit und auch nicht in der möglichen Zukunft.

Und schon früh haben Menschen versucht, dieses Erlebnis, diese besondere Möglichkeit des Seins und des Erlebens zu ritualisieren und regelmäßig einzuüben, um die in diesem Erlebnis enthaltene Erkenntnisfähigkeit auszudehnen und auf ihren üblichen Alltag zu übertragen und um Probleme und Schwierigkeiten in ihrem Alltag beheben oder zumindest leichter und kreativer angehen zu können.

Eine der ältesten menschlichen Kulturen, die es in der technischen Entwicklung der Meditation und der damit immer auch verbundenen inneren Schau zu höchster Vollendung gebracht hat, ist die indische.
Hier vor allem diente Meditation zur Loslösung des erwachten Menschen aus der Gebundenheit an die irdische Materie und der damit einhergehenden Befreiung von Sorgen, Ängsten und Nöten um Verlust, Krankheit und Tod.

Auf dieses Problem der Befreiung angesprochen, antwortet „DER HERR" im ersten Kapitel des indischen Kularnava-Tantra-Epos nicht mit einer abstrakten philosophischen Theorie, sondern mit dem Hinweis auf einen Zustand, nämlich demjenigen Civas (inneren Zustand), DER ERKENNT, das heißt, der verwirklicht werden muß.

Nach dieser indischen Lehre ist der Mensch BRAHMA (die höchste, alles durchdringende Gottheit der Inder) selbst. Er weiß nur nicht, daß er es ist.
Sein Menschsein oder besser gesagt, sein „Anderes-vergängliches-Wesen-sein" wird einzig und allein auf diese Unwissenheit (avidya), auf dieses „Sich-von-IHM-verschieden-glauben" (dvaitabhava) zurückgeführt und aufrechterhalten. Eben deshalb steht hier im Mittelpunkt von allem die Erkenntnis (vidya) im Sinne eines inneren Erwachens.
Die Unwissenheit ist wiederum nach indischer Lehre mit Karma verbunden, unter dem jenes Tun verstanden wird, das Begierde ist.
Während Erkenntnis den Zustand des „In-sich-selbst-Seins" darstellt, bedeutet Karma das unruhige Sich-bewegen und trunkenhafte Laufen wegen dieses oder jenes Objektes, dieses oder jenes Zieles, die als Basis und Rechtfertigung für das eigene Leben angesehen werden.

Da die Wirklichkeit nach indischer Weltauffassung EINZIG (d.h.: ein Eines) ist, muß die Welt dessen, der sich „anderem" zuwendet, eine Scheinwelt sein (die sogenannte Maya der Inder).
Man sagt auch, daß Karma und Unwissenheit einen Kreislauf bilden, daß aus der metaphysischen Unwissenheit das „Tun" im eben erwähnten Sinne entsteht und dieses Tun wiederum festigt die

Unwissenheit sowie einen Zustand der Trunkenheit und der Betäubung, der die Lebewesen auf der Erde üblicherweise charakterisiert.

Daraus spannt sich ein immer engmaschigeres Netz von Fesseln und Abhängigkeiten, von dem man sich in den Strom des Werdens ziehen läßt, indem man an diese oder jene Existenzform festgekettet wird und zwar nach indischer Auffassung von dem sogenannten „Kausalkörper", der eben aus der Gesamtheit der Bestrebungen und den unbewußten tiefliegenden Neigungen besteht und mit dem sich der Geist auf Grund seiner Unwissenheit identifiziert hat und der über den feinstofflichen geistigen Körper eine bestimmte materiell-körperliche Form aufbaut. Dieser Kausalkörper stellt damit als kosmischer Körper das Hindernis für die Befreiung dar; er wird auch als „Hüter der Schwelle" beschrieben, der nur vor der „Sonne der Erkenntnis" zurückweicht.

Daraus folgt, daß sich wirkliche geistige Freiheit nur aus dem Zustand der Erkenntnis ergibt. Und diese Möglichkeit zur Erkenntnis eröffnet sich allein in der Meditation, denn es geht um das Erkennen seines Selbstes, eben um Selbsterkenntnis, um das Durchschauen, wer man wirklich ist, hinter allen Rollen, Fassaden und Aufgaben, die man in seinem Leben möglicherweise spielt und die man übernommen hat. Und das Erkennen des Selbstes kann schließlich nur durch eine innere Schau erfolgen und diese innere Schau wird durch Meditation ermöglicht.

In den indischen Veden wird dann weiter ausgeführt, daß ohne einen materiellen Körper die Ziele der menschlichen Existenz nicht verwirklicht werden können. Der Körper muß daher mit allen Mitteln bewahrt werden, denn in ihm ist alles enthalten, was es braucht, um die „Wahrheit" zu erkennen. Das, was der Körper seiner eigenen Natur gemäß verlangt, soll ihm daher im Hinblick auf die Erlangung der (geistigen) Erkenntnis in jedem Falle gewährt werden.

Auch hier vermag Meditation unschätzbare Dienste zu leisten, denn durch die tiefe Entspannung von Seele und Geist können auch die körpereigenen Organe, die Nerven und die den Stoffwechsel des Körpers regulierenden Drüsen entspannen und in der sie durchfließenden Stille sich regenerieren und neue Kräfte schöpfen.

So ist die Meditation geeignet, alle Elemente und alle Kräfte im Körper zu erkennen und diese zu beherrschen, wobei ein Zustand vollkommener innerer und äußerer Harmonie zwischen Materie, Körper, Seele und Geist angestrebt wird.
In diesem Zustand der Harmonie bleibt kein Raum mehr für Erkrankungen, seien diese nun geistiger, seelischer oder körperlicher Art.

Im Nachfolgenden sollen neben einem kurzen Überblick über die direkten körperlichen, seelischen und geistigen Auswirkungen von regelmäßig angewandter Meditation, einige einfache und gängige Meditationsübungen vorgestellt und diese den jeweiligen Krankheitsbildern zugeordnet werden, die sie am tiefsten aufzulösen - und damit im ganzheitlichen Sinne zu heilen - im Stande sind.

I. Körperliche, seelische und geistige Auswirkungen von Meditation bei regelmäßiger Anwendung durch den Meditierenden:

1. Körperliche Auswirkungen:

Alle systematischen Entspannungsübungen und damit auch alle Meditationen führen zu einer Senkung des Erregungsniveaus und zu einer Erhöhung der Belastbarkeit. Beschwerden wie Spannungskopfschmerzen, Herzrhythmusstörungen und Kreislauferkrankungen können so direkt behandelt und abgebaut werden.

Während der Entspannungsphase erweitern sich zudem die Blutgefäße in der Muskulatur des Körpers. Dadurch fließt mehr Blut und es fließt schneller. In Armen und Beinen kann man dieses Phänomen oft als Schwere wahrnehmen. Direkt kann durch diese Wirkung der Meditation Durchblutungsstörungen in Armen, Händen, Beinen und Füßen entgegengewirkt werden.
Indirekt bewirkt ein schneller und vermehrter Blutfluß eine bessere Versorgung des Körpergewebes mit Nährstoffen. Durch den gleichzeitigen stärkeren Rückfluß des Blutes können Bakterien und Viren aus erkrankten Körperregionen intensiver bekämpft und das Körpergewebe schneller gereinigt werden. Dies wiederum ist eine wesentliche Voraussetzung für eine gute und komplikationsfreie Wundheilung, zum Beispiel nach Operationen, bei Verletzungen oder Verbrennungen.

Das in den erweiterten Gefäßen benötigte Blut kommt mit ca. 37 Grad aus dem Körperinneren, gelangt schnell in die gelockerte Muskulatur der Extremitäten und führt hier meist zu einem angenehmen Wärmegefühl. Der damit einhergehende Wärmeausgleich im Körper beugt wetterbedingten Erkrankungen wie Erkältungen, Verspannungen durch Zugluft, Grippe und grippalen Infekten vor.

Weiterhin wirkt Meditation auf den Hormonhaushalt des Körpers ein und ist hierdurch in der Lage, auch die Immunabwehr ganz allgemein zu stärken. So vermag die entspannende Wirkung von Meditation Stresshormone wie Adrenalin, Noradrenalin, Testosteron und Cortisol im Körper abzubauen und deren weitere Ausschüttung zu verhindern. Gleichzeitig wird durch die positive Erfahrung des Meditationsprozesses die Ausschüttung von Endorphinen im Gehirn angeregt. Diese, auch als „Glückshormone" bezeichneten Substanzen, führen zu einem Zustand des allgemeinen Wohlbefindens im Körper. Dieser Zustand wiederum ist geeignet, die körpereigene Immunabwehr zu stärken, da dieses System durch negative Empfindungen und einem Überschuß an sogenannten Streßhormonen automatisch geschwächt wird. Bei den entgegenwirkenden Methoden, wie die Meditation eine darstellt, wird es jedoch in seiner Aktivität unterstützt und gefördert.

2. Seelische Auswirkungen

Die hormonellen Wirkungen von Meditation auf den Körper des Menschen führen zu wesentlichen Heilungsmöglichkeiten im seelisch-psychischen Bereich. Erkrankungen wie Depressionen, Manien, neurotische oder phobische Reaktionen, Stress und innere Unruhe können alle durch ein Ungleichgewicht von hormonellen Substanzen im Körper charakterisiert werden, das heißt dem Zuviel einer hormonellen Substanz gegenüber dem Zuwenig eines anderen körpereigenen Hormons.

Durch die ausgleichende, zu innerer Ruhe und Ausgewogenheit führende Wirkung von Meditation werden auch die körpereigenen Hormone zum Ausgleich gezwungen. Das sogenannte „In-die-Mitte-ziehen" der „Medi - tation" bewirkt auch die ausgeglichene Ausschüttung der Körperhormone untereinander und führt damit direkt zur Heilung seelischer Krankheiten.

Und auch die Wirkung von Meditation auf die Seele selbst ist außerordentlich. Ruhe, Gelassenheit, friedvolles Wesen, eine offene Lebenseinstellung und positive Weltsicht, Vertrauen und Wiedererlangung von Urvertrauen, Freude am Schönen und Erlangung der Fähigkeit, in vollem Umfange die täglichen Dinge des Lebens genießen zu können, all das sind direkte Wirkungen von regelmäßig praktizierter Meditation.

Darüber hinaus vermag der Meditierende mit der Hinwendung seiner Seele zur Innerlichkeit, zu inneren Erfahrungen, Gedanken und Empfindungen, mit der Zeit eine Art Rückverbindung zu seinem innersten Selbst, zu seinem höheren Selbst, wiederherzustellen, womit sich die Erfahrungen im Äußeren, das bislang ganz überwiegend seine einzige Erfahrungsebene darstellte, auf ganz augenscheinliche Weise relativieren. Auch dies trägt zur Beruhigung der Seele bei und ermöglicht ihr gleichzeitig eine neue Verbindung sowohl zur Erfahrung in der Welt der materiellen Realität als auch zur Erfahrung der Welt des Geistes.

3. Geistige Auswirkungen

Zunächst ist die auffälligste Wirkung von Meditation im geistigen Bereich, daß die Fähigkeit zur Konzentration stetig zunimmt.

Während der moderne Mensch daran gewöhnt ist, seine Aufmerksamkeit gleichzeitig auf eine Vielzahl verschiedener Sinneseindrücke zu richten und diese parallel und gleichzeitig zu verarbeiten sucht, wie beispielsweise das gleichzeitige Fernsehen, Telefonieren und Essen, oder gleichzeitig am Computer zu sitzen, sich mit dem Chef zu unterhalten und sich dabei noch etwas im Terminkalender zu notieren, wird man durch Meditation dazu angehalten, seine Aufmerksamkeit grundsätzlich nur auf jeweils eine einzige Sache zu richten, also im oben genannten Beispiel zunächst nur zu essen, dann nur zu telefonieren oder eben nur fernzusehen usw. Dies führt mit der Zeit zu einer inneren Sammlung und zur Konzentrierung seiner Energie jeweils auf einen bestimmten Punkt, was zu einer absoluten Kraftentfaltung führen kann und zu einer Zentrierung des Geistes auf das Wesentliche, auf die jeweilige „Mitte".

Mittels dieser Zentrierung wird die Erweiterung von Bewußtsein möglich. Des Bewußtseins, wie man die Dinge um sich herum in ihrer Essenz, in ihrer Wesentlichkeit und ihrem inneren Kern wahrnehmen kann, und auch gleichzeitig, wie man sich selbst, sein innerstes Selbst oder sein höheres Selbst in seiner Essenz wahrnehmen und in der Realität entfalten und zur eigentlichen Wirkung nach Innen und Außen bringen kann.

Und das ist der Punkt, an dem Heilung durch Meditation im eigenen innersten Selbst stattfinden kann, im Urgrund der Ursachen aller materiellen Erkrankungen, denn hat man erst einmal den innersten Kern seines Selbstes „ERKANNT", so vermag man sich seinem Wesen entsprechend zu verhalten und diese ESSENZ des SEINS nach und nach in sein Leben und in die Gestaltung seiner alltäglichen Aufgaben einfließen zu lassen. Entspricht Ihre Lebensgestaltung dann in vollem Umfange auch Ihrem innersten Wesenskern, so bleibt für die Störung innerer körperlicher, seelischer oder geistiger Abläufe kein Raum mehr. Die Grundursache für Krankheit im herkömmlichen Sinne wird damit beseitigt.

II. MEDITATIONSARTEN

1. Einfache Entspannungsübung mit der goldenen Flüssigkeit:

Legen Sie sich zunächst auf den Boden. Nehmen Sie ein paar tiefe Atemzüge. Und wenn Sie Spannung in Ihrem Körper verspüren, dann ziehen Sie diese Spannung mit dem Einatmen nach oben in Ihren Atem hinein und mit dem Ausatmen entlassen Sie sie aus Ihrem Körper. Spüren Sie, wie der Boden auf dem Sie liegen, Sie trägt, wie er Ihnen Sicherheit und Erdung vermittelt und wie Sie ein Teil dieser Erde werden, wenn Sie sich nur ein wenig auf sie konzentrieren. Lenken Sie dann ganz langsam Ihre Aufmerksamkeit auf Ihre Füße und stellen Sie sich in Ihrem Geiste vor, wie durch Ihre Fußzehen über die Fußsohlen und die Füße langsam eine goldene Flüssigkeit in Ihren Körper einfließt und empfinden Sie, wie diese goldene Flüssigkeit, wo immer sie hingelangt, Ihnen Wellen von Wohlbefinden, tiefe Entspannung und heilende Energie spendet. Versuchen Sie dabei sich die goldene Flüssigkeit so strahlend wie möglich vorzustellen und bleiben Sie mit Ihrer Aufmerksamkeit immer an jener Stelle Ihres Körpers, in die diese goldene Flüssigkeit gerade einzuströmen beginnt. Spüren Sie, wie die goldene Flüssigkeit durch Ihre Füße und Knöchel langsam in die Unterschenkel und Waden einfließt. Und empfinden Sie hier das Wohlbefinden, die Entspannung und die heilende Energie dieser strahlenden goldenen Flüssigkeit.
Erlauben Sie ihr dann weiterzufließen in Ihre Knie und in die lange Muskulatur Ihrer Oberschenkel und beachten Sie auch hier wieder das Wohlbefinden, die Entspannung und die heilende Energie, die sich in diesem Körperbereich manifestiert.

Die goldene Flüssigkeit fließt weiter über die Hüften in Ihr Becken und in die Organe in Ihrem Becken und sie entfaltet auch hier wieder Wohlbefinden, tiefe Entspannung und heilende Energie.
Erlauben Sie ihr, weiterzufließen in Ihren Bauch und in die Organe in Ihrem Bauch und spüren Sie auch hier ihr Wohlbefinden, die tiefe Entspannung und ihre heilende Energie.

Die goldene Flüssigkeit fließt weiter in Ihren Brustkorb, nehmen Sie einen tiefen Atemzug, so daß sich die Flüssigkeit vollständig in Ihrer Brust ausbreiten kann,... und fühlen Sie auch hier das Wohlbefinden, die tiefe Entspannung und die heilende Energie, die sie in Ihrer Brust hinterläßt.
Die goldene Flüssigkeit fließt auch zu Ihrem Herzen, sie umspült Ihr Herz sanft, dringt sanft in Ihr Herz ein und sie macht, daß Ihr Herz kraftvoll, gleichmäßig und völlig ruhig weiterschlägt und sie spendet auch hier Wohlbefinden, tiefe Entspannung und Heilung, für Ihr Herz, Ihren ganzen Körper, Ihre Seele und Ihren Geist.
Erlauben Sie der goldenen Flüssigkeit weiterzufließen in Ihre Schultern, den Schultergürtel, in die Arme, Hände und Finger und auch hier verbreitet sie Wohlbefinden, tiefe Entspannung und heilende Energie.
Sie fließt weiter von Ihren Schultern auf Ihren Rücken, spüren Sie, wie sie Ihre Wirbelsäule hinabfließt, von hier sich gleichmäßig über Ihren Rücken verteilt und empfinden Sie auch hier Wohlbefinden, tiefe Entspannung und heilende Energie.
Die goldene Flüssigkeit fließt weiter von Ihren Schultern Ihren Nacken empor in den Hinterkopf und hinter die Stirn und sie verbreitet auch hier Wohlbefinden, Entspannung und heilende Energie.

Sie fließt sodann in Ihre Augen und Augenhöhlen, in Ihre Wangen, sowie in den Ober- und Unterkiefer und in Ihr Kinn, spüren Sie, wie das Kinn lose und entspannt wird und empfinden Sie auch hier Wohlbefinden, tiefe Entspannung und heilende Energie.

Und jetzt, da Sie angefüllt sind mit der goldenen Flüssigkeit, seien Sie gewiss, daß Sie geschützt und geborgen sind, wie in einem Kokon von Licht und Wärme und verweilen Sie in diesem Zustand, so lange es für Sie angenehm ist.

Und sollten Sie an einer Stelle Ihres Körpers gesundheitliche Beschwerden haben, dann lenken Sie die goldene Flüssigkeit von Ihrem Herzen ausgehend in diese kranke Körperstelle, konzentrieren Sie sich auf diesen Punkt und spüren Sie die konzentrierte Energie von Wärme, Wohlbefinden, Entspannung und Heilenergie.

Wenn Sie dann bereit sind, sich langsam wieder aus Ihrer Entspannung zu lösen, dann lenken Sie zunächst Ihre Aufmerksamkeit auf Ihre Hände und Füße, spannen Sie diese langsam an und von dort ausgehend spannen Sie die gesamten Muskeln Ihrer Arme und Beine an und wechseln sie einige Male An- und Entspannung Ihrer Arm- und Beinmuskulatur ab. Zählen Sie dann langsam von 1 bis 10, öffnen bei 10 Ihre Augen und bleiben noch einen Moment liegen, bis Sie wieder Ihr volles Wachbewußtsein erlangt haben.

Diese Entspannungsmethode hilft Ihnen, Alltagsstress abzubauen und Kreislaufprobleme sowie hohen Blutdruck in den Griff zu bekommen und sie dient als Grundentspannung für weitere Meditationstechniken, wie beispielsweise der später noch vorzustellenden Herzmeditationen I und II.

2. Atmen und Sein

Diese Meditationsübung dient der Regulierung und Intensivierung Ihrer Atmung. Sie wirkt damit günstig auf alle Atemwegs- und Lungenerkrankungen. Durch die gleichzeitige Steigerung des Atemvolumens und der Reinigung der Atmungsorgane ist sie geeignet, Ihr Blut mit zusätzlichem Sauerstoff zu versorgen, was sowohl zur Stärkung Ihrer Immunabwehr beitragen kann, als auch zur Steigerung der Stoffwechselvorgänge im Körper führt. Durch die regelmäßige Beruhigung Ihres Atems verschaffen Sie Ihrem Körper zudem mehr Harmonie und innere Ausgeglichenheit, was Sie in anspannenden Alltagssituationen standhafter und konzentrierter, aber auch ruhiger und entspannter auftreten läßt. Ein harmonischer tiefer Atem führt zu harmonischen tiefen seelischen Empfindungen und zu einem ausgeglichenerem Geist.

Zu Beginn der Übung suchen Sie sich einen bequemen Platz, an dem Sie sich in völlig aufrechter Haltung hinsetzen. Schließen Sie Ihre Augen und beginnen Sie ganz gelöst, ohne großen Aufwand, sich auf Ihre Atmung zu konzentrieren. Lenken Sie einfach Ihre ganze Aufmerksamkeit auf Ihren Atem, auf den Vorgang des Einatmens und des darauf folgenden Ausatmens. Spüren Sie hin, wie sich das anfühlt, wenn auf jeden Atemzug ein tiefes Ausatmen erfolgt, was wiederum zu einem tieferen Einatmen führt usw. Beginnen Sie nun, Ihre Atemzüge zu zählen. Obwohl es hier ganz verschiedene Möglichkeiten des Zähl-vorganges gibt, empfehle ich doch, sich auf das Ausatmen zu konzentrieren, da ein konzentriertes, von tief unten erfolgendes Ausatmen zwangsläufig ein tieferes und ruhigeres Einatmen nach sich zieht. Zählen Sie dabei von 1 - 10 und beginnen Sie nach dem zehnten Ausatmungsvorgang wieder bei 1 zu zählen.

Es geht dabei lediglich darum, daß Sie voll und ganz bei Ihrem sonst üblicherweise unbewußt ablaufenden Atemvorgang bleiben, daß Sie mit Ihrem Atem und seinem Rhythmus verschmelzen, Eins werden und direkt aus der Kraft des Atmungsvorganges Energie für sich zu schöpfen lernen und dies gelingt Ihnen am besten, wenn Sie stets ruhig, gleichmäßig und tief ein- und auszuatmen gelernt haben.

Diese Übung sollten Sie etwa 20 Minuten lang jeden Tag, am besten gleich nach dem Aufstehen durchführen. Sie werden dabei schnell bemerken, daß Sie sich frischer und konzentrierter fühlen werden und sich Ihr Atem stetig ruhiger und intensiver entwickeln wird.
Sollte nach einer Weile die Technik dieser Meditation zur völligen Gewohnheit für Sie geworden sein, können Sie sich dazu bei jedem Ausatmen vorstellen, wie eine silberne Staubsubstanz aus Ihrem Körper entweicht und damit alle Störungen, Belastungen, Bakterien, Viren und auch negative Gedanken und Empfindungen aus Ihrem Körperfeld entweichen. Bei jedem Einatmen stellen Sie sich dann bitte vor, wie ein goldener Nebel mit jedem Atemzug in Ihren Körper eindringt, sich dort vollständig verteilt und jeder einzelnen Körperzelle sowie Ihrer Seele und Ihrem Geist, Kraft, Frieden, Licht, Liebe und Leben zu spenden vermag, wie die in diesem Goldnebel vorhandene Energie Sie richtig-gehend auflädt und in Ihre eigentliche Mitte bringt.

Und in dem aus dieser Affirmation sich ergebenden Wohlbefinden versuchen Sie dann zu bleiben, einfach zu sein und nachzuempfinden, daß es an nichts mehr fehlt, wenn man sich gleichsam in seiner eigenen Mitte getragen fühlt, umgeben von Frieden, Licht und Liebe.

Versuchen Sie dieses Gefühl mit in Ihren Alltag zu nehmen und beobachten Sie, in welchen Situationen es Ihnen besonders schnell wieder abhanden kommt. Sie haben dann die Möglichkeit, auch in einer solchen Alltagssituation ganz bewußt wieder zu Ihrem Atem zurückzukehren und zu dem Wohlbefinden, das aus dem bewußten und tiefen Ein- und Ausatmen erwächst. Dies gibt Ihnen eine große Hilfe, um in belastenden oder hektischen Situationen gleichwohl zu ihrer inneren Gelassenheit und Ruhe zurückzufinden und sowohl mit Ihrer Mitte als auch mit der aus Ihrer Mitte entspringenden Kraft in Verbindung zu bleiben.

3. Kundalini - Meditation

Die Kundalini-Meditation ist eine dynamische musikbegleitete Meditation, die am besten abends durchgeführt wird. Sie entfaltet im Körper ihre intensive Wirkung vorrangig im Bereich um das Steißbein.

Die dazugehörende Begleitmusik ist als CD oder Kassette im Musikhandel erhältlich oder kann von jedem Osho-Center in Deutschland oder Europa bezogen werden. Sie stammt aus Indien, ist von dem indischen Meister Osho speziell für westliche Anforderungen an Entspannung entwickelt worden und wird bereits im Rahmen vieler Therapieformen sowohl hier in Deutschland als auch im westlichen Ausland angewandt.

Sie ist vor allem geeignet zum Abbau von inneren Spannungen, von Wut, Zorn und negativen Aggressionen und wirkt dadurch direkt auf das vegetative Nervensystem. Gleichzeitig erlaubt sie dem Meditierenden bei regelmäßiger Anwendung seine Kräfte, die im Körperbereich seines Steißbeines und Beckens ruhen, zu entfalten und für sich nutzbar zu machen, was direkte Auswirkungen auf die Sexualorgane und durch verstärkte Erdung auf die innere und äußere Belastbarkeit von Körper, Seele und Geist des Menschen hat.

Der Meditationsablauf ist ensprechend der Begleitmusik in 4 Phasen von jeweils 15 Minuten unterteilt.

In der ersten Phase stehen Sie aufrecht und bequem auf einer wärmenden Unterlage. Versuchen Sie Ihre Aufmerksamkeit auf Ihre Füße zu lenken und ganz bewußt zu erspüren, wie Sie mit Ihrer gesamten Fußsohle, insbesondere mit Ihren Fersen, fest auf der Erde stehen; das verschafft Ihnen ein Sicherheitsgefühl für Ihre weiteren Bewegungen und steigert gleichzeitig Ihre persönliche Erdung.

Beginnen Sie nun langsam, von den Füßen aufsteigend, Ihren Körper zu schütteln, wie ein Baum im sanften Herbstwind. Lassen Sie mehr und mehr Ihre innere Körperbeherrschtheit los und geben Sie sich dieser Schüttelbewegung hin. Ihre Augen können dabei geöffnet oder geschlossen sein, je nachdem, wie Sie sich wohler dabei fühlen.

Bei der Durchführung dieser ersten Phase geht es darum, daß Sie das Schütteln geschehen lassen und es nicht absichtlich forcieren. Stellen Sie sich einfach hin, fühlen Sie wie das Schütteln langsam in Ihnen aufsteigt, und wenn Ihr Körper leise zu zittern beginnt, dann helfen Sie einfach dadurch nach, daß Sie ganz locker und weich bleiben und sich dem Vibrieren Ihres Körpers vertrauensvoll hingeben. Aber bitte schütteln Sie sich nicht bewußt. Erst dann vermag diese Meditation tatsächlich innere Spannungen an die Oberfläche zu befördern, aus Ihrem Körper freizusetzen und zu entlassen.

In der zweiten Phase tanzen Sie zu der begleitenden Musik in der Intensität, in der Sie sich gerade befinden; das kann einmal eine heftige und fast ekstatische Bewegung sein, ein anderes Mal ganz sanft und langsam und weich, einfach je nach Ihrer Tagesbefindlichkeit. Auch hierbei ist es wichtig, daß Sie Ihrem Körper gestatten, sich vollständig von oben bis unten in Bewegung zu setzen und daß Sie dieser Körperbewegung freien Lauf lassen, daß Sie loslassen und nicht versuchen, zu reglementieren, zurückzuhalten oder zu beeinflussen. Seien Sie im freien Fluß Ihrer eigenen Körperenergie. Das ist es, worauf es ankommt. Auch diese Phase können Sie frei nach Ihrer

Wahl entweder mit offenen oder geschlossenen Augen durchführen.

In der dritten Phase setzen Sie sich ruhig auf den Boden und lauschen mit geschlossenen Augen der Musik; beobachten Sie dabei, was in Ihnen vorgeht, aber versuchen Sie nicht, an inneren oder äußeren Sinneseindrücken anzuhaften. Nehmen Sie sie einfach wahr und lassen Sie sie dann weiterziehen.

In der vierten Phase endet die Musik und es tritt Stille ein. Legen Sie sich entspannt und mit geschlossenen Augen auf den Boden und genießen Sie die Ruhe und den Frieden im Inneren wie im Äußeren.

Der Beginn der einzelnen Meditationsphasen wird jeweils durch sich ändernde Musikweisen angezeigt. Zum Ende der letzten Phase der Meditation, bei Abschluß der Ruhephase, erklingt ein Gong.

Es empfiehlt sich gerade zu Anfang Ihrer Arbeit mit dieser Meditation, sie regelmäßig, wenn möglich einige Male pro Woche durchzuführen, da sich Ihnen so leicht und schnell ein zusätzliches Energiereservoir eröffnet, das Sie im Alltag unterstützt und Ihre körpereigenen Abwehrkräfte zu stärken vermag.

4. Nadabrahma - Meditation

Die Nadabrahma-Meditation ist eine im Sitzen und Liegen durchzuführende, musikbegleitete Meditation, die zu jeder Tageszeit durchgeführt werden kann. Sie entfaltet ihre intensivste Wirkung im Bereich des Herzens und der Brust und ist demgemäß geeignet, allen das Herz berührenden gesundheitlichen Beschwerden entgegenzuwirken und Sie in Ihre „ideelle" Mitte, in Ihren persönlichen Herzensbereich zu führen. Sie wirkt gegen Herz-, Herzrhythmus- und Herzkranzgefäßerkrankungen ebenso, wie sie das Kreislauf- und Blutdrucksystem zu stabilisieren vermag. Im seelischen Bereich vermag sie alle seelische Unausgeglichenheit zu beheben, da sie zur Lebensbejahung und einer liebevollen Haltung zu sich selbst und zu seinen Mitmenschen führt und damit auch eine gute Möglichkeit zur begleitenden Therapie von allen Formen der Schwermut, Depression oder des psychischen „Ausgebranntseins" bietet. Die Nadabrahma-Meditation ist eine gute Technik, um zu seiner innersten Essenz vorzudringen, sie zu erkennen und zur Entfaltung zu bringen.
Der indische Meister Osho hat diese Meditationstechnik aus dem tibetischen Kulturkreis entlehnt und weiterentwickelt. Auch hier kann die Begleitmusik über den Musikhandel oder jedes erreichbare Osho-Center bezogen werden.

Der Meditationsablauf ist in 4 unterschiedlich lange Phasen aufgeteilt.

In der ersten Phase von 30 Minuten sitzen Sie aufrecht mit geschlossenen Augen und summen ein tief aus Ihrem Ausatmen entstehendes „Mm". Je tiefer und langsamer Sie dabei einatmen, um so schwereloser entspringt dieser „Mm"-Laut ihrem Atmungsvorgang. Im Laufe der Meditation sollte dieses „Tönen" ohne jede Anstrengung Ihrem Atemfluß entspringen, gleichsam als wenn Sie hierzu bewußt keinerlei Willenskräfte mehr aufzuwenden hätten und die Töne einfach nur noch fließen.

Hierbei können Sie Lautstärke und Tonhöhe vollkommen frei für sich auswählen, dies gilt selbstverständlich auch für die Dauer jeweils einer Ihrer „Mm"-Laute. Wichtig allein ist die Vibration, die dieses Tönen in Ihrem Brustraum und Ihrer Herzgegend auslöst. Je mehr Sie dieser Vibration in Ihrem Körper Beachtung schenken, um so intensiver wird Ihre Konzentration zu Ihnen selbst und in Ihre tatsächliche Wesensmitte fließen.

In der zweiten Phase, die sich an das Tönen anschließt, führen Sie die Hände mit nach oben geöffneten Handflächen zum Bauchnabel und von dort lassen Sie die Hände und Arme langsam im Zeitlupentempo sich vom Körper nach vorne hin entfernen, so als wenn wir einem ideellen Gegenüber ein Gabe darreichen würden. Die Hände trennen sich dann vor dem Körper, um in zwei spiegelgleichen großen Kreisen nach rechts und nach links zum Bauchnabel zurückzukehren und von dort wieder gemeinsam in gebender Geste sich nach vorne zu bewegen, um die kreisförmige Bewegung zu wiederholen. Diese Phase dauert 7,5 Minuten. Während dieser Zeit konzentrieren Sie sich auf Ihre nach oben gerichteten Handflächen und den Gedanken, alles, was Sie in diesem Augenblick gerade gerne weggeben möchten, in diese Handflächen zu legen, um es während der beschriebenen Kreisbewegung an den Kosmos abzugeben.

In der darauf folgenden dritten Phase, die ebenfalls 7,5 Minuten andauert, nehmen Sie sich in Gedanken all das, was Sie sich im Moment gerne wünschen. Entsprechend weisen Ihre Handflächen nach unten und bewegen sich in entgegengesetzter Richtung wie in Phase 2, nämlich von außen nach innen zum Nabel hin. Auch hier beschreiben Hände und Arme wieder eine ideell gedachte Kreisfläche, nur dieses Mal führt die beschriebene Bewegungsrichtung zu Ihnen hin, genauso als hätten Sie einen Berg von Geldmünzen vor sich auf dem Tisch liegen, den Sie in eine auf Ihrem Schoß befindliche Kassette hineinbefördern wollten. Der Phase des Gebens folgt damit die Phase des Nehmens.

Danach endet die Musik und in den letzten 15 Minuten liegen Sie entspannt und ruhig auf dem Boden und beobachten einfach, was in Ihnen vorgeht, ohne an den Einzelheiten anzuhaften. Wieder ertönt am Ende der Meditation ein Gong.

5. Nataraj - Meditation

Die Nataraj ist Tanz als vollkommene Meditation. Sie besteht aus 3 Phasen und dauert insgesamt 65 Minuten.
Auch diese Meditation ist von dem indischen Meister Osho entwickelt worden. Die dazu gehörende Musik ist im Musikhandel oder in jedem europäischen Osho-Center erhältlich.

Zur heilenden Wirkung des meditativen Tanzes schreibt Osho: „ Vergiß den Tänzer, den Mittelpunkt des Egos, werde zum Tanz. Das ist Meditation. Tanze so tief versunken, daß du voll und ganz vergißt, daß „du" tanzt, und fühle immer stärker, daß du der Tanz **bist**." (Osho in: Das orangene Buch, S.: 49)

Es geht also darum loszulassen, um sich völlig in der Bewegung des Tanzes „zu verlieren"; und gerade darin besteht auch die heilende Wirkung jeder Art von Trancetanz, nämlich in der Möglichkeit, sich von allen störenden und negativen Gedanken, Einstellungen, Wertvorstellungen und Beschränkungen zu lösen und einfach **zu sein** und dieses Sein zu genießen, es als völlig ausreichend zu erachten und sich in diesem Sein anzunehmen, so wie man ist.

Dieses Freisein schafft Erlösung, Lösung von seelischem Druck und damit auch von der Grundlage für alle psychosomatischen Beschwerden, angefangen von einer schwachen Immunabwehr gegen Viren, Bakterien und Pilzen, bis zu gravierenden körperlichen Manifestationen, wie Herz- Kreislauferkrankungen, chronischen Entzündungen oder Krebs.

In der ersten Phase tanzen Sie mit geschlossenen Augen so intensiv Sie nur können zu der begleitenden schnellen rhythmischen Musik. Lassen Sie sich dabei von Ihrem Unterbewußtsein leiten und versuchen Sie nicht, Ihre Bewegungen und Bewegungsabläufe zu kontrollieren. Versuchen Sie, sich auch nicht bei Ihrem Tanze sozusagen innerlich zu beobachten, sondern werden Sie einfach ganz eins mit Musik und Tanz, mit Rhythmus, Bewegung und Klang und mit dem, was in diesem konkreten Augenblick einfach gerade geschieht. Diese Phase dauert 40 Minuten. Anschließend legen Sie sich bei völliger Stille 20 Minuten mit dem Rücken auf den Boden und versuchen sich in dieser Zeit nicht zu bewegen. Die Augen bleiben geschlossen und seien Sie auch hier einfach mit dem, was gerade ist.

In der anschließenden dritten Phase erklingt für 5 Minuten eine ganz zarte, leichte und langsame Musik. Stehen Sie auf und genießen Sie in langsamen zelebrierenden Bewegungen diesen Ausklang, so als ob Sie einen Freudentanz aufführen würden.

Die Meditation endet mit Ausklang der Musik.

6. Dynamische Meditation

Die dynamische Meditation ist eine stark energiean-
reichernde und gleichzeitig spannungsmindernde
Meditationsart, die am geeignetsten morgens nach dem
Aufstehen mit nüchternem Magen durchgeführt wird.
Sie hat 5 Phasen und dauert eine Stunde.

In der ersten Phase von 10 Minuten atmen Sie so
schnell und so heftig Sie können chaotisch ohne festen
Rhythmus durch die Nase. Konzentrieren Sie sich
hierbei auf das Ausatmen, das Einatmen geht dann
unbewußt von ganz allein. Werden Sie dabei immer
schneller und lassen Sie Spannungen, die sich
während dieser Phase in Ihrem Körper zeigen sollten,
durch spontane Bewegungen ausfließen.

In der zweiten Phase, die ebenfalls 10 Minuten
andauert, geht es darum, die bereits in der ersten
Phase erspürten inneren Spannungen vollständig und
total herauszulassen. Lassen Sie alles frei heraus, was
auszubrechen bereit ist. Erlauben sie sich zu schreien,
zu toben, zu hüpfen, sich zu schütteln, zu explodieren,
auf ein Kissen zu schlagen oder mit den Fäusten auf
den Boden zu trommeln. Explodieren Sie im Rahmen
dieses geschützten Übungsfeldes, wenn Ihnen danach
ist. In jedem Falle sollten Sie in dieser Phase Ihren
Körper in ständiger Bewegung halten. Und sollten Sie
am Anfang noch etwas zurückhaltend oder gar
befangen sein, kann es durchaus nützlich werden,
zunächst etwas zu schauspielern, um in die geeignete
Atmosphäre einzutauchen. Den Rest erledigt die
Dynamik dieser Meditation von allein.

In der dritten Phase von ebenfalls 10 Minuten springen
Sie stehend mit erhobenen Armen auf und ab und rufen

dabei das Mantra HUH! HUH! HUH! Versuchen Sie die Töne so tief aus dem Bauch heraus emporsteigen zu lassen, wie es Ihnen nur irgend möglich ist. Diese Phase ist für körperlich Ungeübte am Anfang recht anstrengend. Versuchen Sie gleichwohl so tief in den Ablauf einzutauchen, wie Sie nur können, denn um so tiefer ist die befreiende Wirkung der Meditation.

In der vierten Phase frieren Sie beim Stop-Signal in der Bewegungsstellung ein, in der Sie sich im Moment gerade befinden. Bleiben Sie genauso stehen, wie Sie gerade sind, ohne Bewegungs- oder Körperhaltungskorrekturen vorzunehmen; nur dann ist gewährleistet, daß Sie in dieser Phase die bis dahin angesammelte Energie für sich bewahren und nutzbar machen können. Beobachten Sie, was in dieser „Einfrierphase" mit Ihnen passiert. Diese Phase dauert 15 Minuten an.

In der fünften und letzten Phase tanzen Sie zu der erklingenden Musik und versuchen in diesem Tanz Ihre Freude und Ihren Dank für das in der Meditation Erlebte auszudrücken. Versuchen Sie, dieses positive Gefühl mit in den beginnenden Tag zu nehmen und sich während des Tagesablaufes immer wieder daran zu erinnern.

Auch diese Meditation ist von dem indischen Meister Osho entwickelt worden. Die dazugehörende Musik kann über die bereits genannten Quellen bezogen werden.
Osho selbst schreibt zu der ihm ganz wichtigen Meditation: „Irgendjemand hat einmal gesagt, daß die Meditationen, die wir hier machen, der reine Wahnsinn sind. Das stimmt. Und zwar sind sie das aus einem ganz bestimmten Grund - der Wahnsinn hat nämlich Methode; er ist ganz bewußt gewählt.

Vergiß nicht - du kannst nicht absichtlich verrückt werden. Wahnsinn ergreift (schleichend) Besitz von dir. Nur so kannst du überhaupt verrückt werden. Wenn du absichtlich verrückt wirst, ist das völlig anders. Im Grunde hast du dich unter Kontrolle, und einer, der sogar seine Verrücktheit in der Hand hat, wird niemals wirklich dem Wahnsinn verfallen." (Osho in: Das orangene Buch, S.: 33)

Mit diesem Zitat ist hinreichend klargestellt, in welchen körperlichen, seelischen und geistigen Bereichen diese Meditationstechnik Heilung sowie vorbeugende Hilfe zu bieten in der Lage ist, denn durch das kontrollierte Herauslassen spannungsgeladener Energien wird - um mit einer Metapher zu sprechen - das Faß jeweils rechtzeitig vor dem Überlaufen geleert und sowohl Körper, als auch Seele und Geist einer energetischen Reinigung unterzogen, die sie gesund, dynamisch und kraftvoll, sowie frei von störenden negativen Effekten erhält. Damit stellt gerade die dynamische Meditation einen Jungbrunnen für jeden bereit, der sie regelmäßig für sich allein oder gemeinsam mit Freunden durchführt.

7. Herzmeditation I

Die hier vorgestellten Herzmeditationen beabsichtigen Sie mit Ihrer Seelenmitte und Ihrem höheren Bewußtsein, dem sogenannten Höheren Selbst in Verbindung zu bringen und die enorme Urkraft, die aus dieser Rückverbindung (re-ligio) entsteht, Ihnen, Ihrem Körper, Ihrer Seele und Ihrem Geist nutzbar zu machen. Sie ist die Grundlage jeder Heilung im ganzheitlichen Sinne, denn nur mit jener Rückverbindung zur Urquelle kann sich ein Mensch vollständig geborgen, ganz, zufrieden und in jeder Hinsicht angenommen fühlen.

Führen Sie zunächst die auf Seite 14 vorgestellte einfache Entspannungsübung mit der goldenen Flüssigkeit vollständig durch.
In dem Moment, wo Ihr Körper vollständig mit der goldenen Flüssigkeit angefüllt ist, lenken Sie Ihr ganzes Bewußtsein auf Ihre Herzregion. Stellen Sie sich nun in Ihrem Geiste vor, wie im Innersten Ihres Herzens ein ganz kleines, goldenes, transparentes, vierseitiges Dreieck als räumliches Gebilde sichtbar wird:

Werden Sie vertraut mit diesem inneren Bild, indem Sie sich ihm völlig hingeben, indem Sie immer wieder die strahlende Helligkeit, die aus diesem kleinen räumlichen Gebilde in Ihrem Herzen hervorquillt, bewundern und indem Sie das Dreieck im Geiste sich langsam im Uhrzeigersinn um die eigene Achse drehen lassen. Bemerken Sie, wie durch diese rechtsdrehende Bewegung die geometrische Figur an Plastizität und

Transparenz zunimmt, wie sie vor Ihrem geistigen Auge immer deutlicher und realer erscheint.

Haben Sie demgemäß Ihren Zugang zu Ihrem Herzen und dessen innersten Kern gefestigt, dann stellen Sie sich vor, wie Sie über dieses in Ihrem Herzen befindliche Dreieck Zugang zu einem um Sie herum existierenden goldenen Energiefeld gewinnen, das Sie sich als winzige goldene Lichtpartikel vorstellen, die alles und jedes in der Natur, der Erde und im Universum durchdringen und so alles mit allem zu verbinden in der Lage sind.
Sehen Sie nun, wie dieses goldene Energiefeld durch Ihr sich drehendes, goldenes Dreieck im Herzen in Sie hineinströmt und sich vollständig in Ihrem Körper, Ihrer Seele und Ihrem Geiste ausbreitet. Genießen Sie die damit verbundene Wärme, Helligkeit und Geborgenheit, die aus diesem Energiefeld in Sie eindringt.

Bleiben Sie in diesem angenehmen Zustand solange es für Sie angebracht erscheint und üben Sie diese Technik immer wieder. Je öfter Sie sich über das goldene Dreieck mit dem goldenen Energiefeld um Sie herum verbinden, um so intensiver werden Sie dessen Wirkung verspüren.

Und sollten Sie nach einer Weile in dieser Technik geübt sein, dann lenken Sie Ihre Aufmerksamkeit, von Ihrem Herzen ausgehend, in die sich ausbreitende Weite des goldenen Energiefeldes, das alles im Universum durchdringt und mit dem Sie nun vollständig verbunden sind, so daß auch Ihr Bewußtsein nunmehr die Möglichkeit hat, in einer erweiterten Wahrnehmung auch alles im Universum als tatsächlich miteinander verbunden - ALS ALL-EINS - zu erfahren und zu erfühlen.

Sollte Ihnen dieses Allbewußtsein erst einmal gelungen sein, wird Sie Ihre mit dieser Technik erreichte Rückverbindung zur Urquelle nicht mehr verlassen, Sie werden in jeder Ihrer Alltagshandlungen aus dieser Urquelle schöpfen und Ihren Lebensweg dem entsprechend auszugestalten vermögen, ungeachtet aller Alltagswidrigkeiten.

8. Herzmeditation II

Diese Meditation baut auf der zunächst auf den Seiten 32ff. vorgestellten Technik auf. Sie sollten daher zuerst in der Herzmeditation I einige Erfahrung gesammelt haben und diese regelmäßig geübt haben, bevor Sie zu der hier vorgestellten, weiterführenden Herzmeditation II übergehen.

Führen Sie dann zunächst wieder die einfache Entspannungsübung mit der goldenen Flüssigkeit von Seite 14 und die vollständige Herzmeditation von Seite 32 durch.

Wenn Sie dann mit dem alles durchdringenden goldenen Energiefeld über Ihr Herzzentrum ruhig und angenehm fließend völlig verbunden sind, dann visualisieren Sie, wie im Innersten Ihres Herzens, im Zentrum des darin befindlichen goldenen vierseitigen Dreiecks eine Flamme sich enzündet, eine hellgelbe kraftvolle Flamme, die sich entfaltet, über das goldene Dreieck hinauswächst und Ihre Wirbelsäule entlang fließt, zunächst in den Bauchbereich, dann in das Becken und die schließlich bis an die Spitze Ihres Steißbeines vordringt. Gleichzeitig wächst sie vom Herzen aus weiter in Richtung Ihres Halses, über diesen hinaus in Ihren Kopf, hinter die Stirn und über Ihren Scheitel hinaus. Spüren Sie jetzt wie sich vom Steißbein bis zum Scheitel Ihres Kopfes ein kraftvolles Feuer ausdehnt, das über Ihr Herzzentrum mit dem alles umfassenden goldenen Energiefeld verbunden bleibt und dazu geeignet ist, jede Ihrer Körperzellen zu reinigen und die Urkraft der Liebe in Ihnen zu entzünden. Spüren Sie, wie Sie mit jedem Moment, in dem Sie in dieser heilenden Flamme verharren, kraftvoller, offener, sanfter, verständnisvoller und liebevoller werden, zu sich selbst und zu allem, was

Sie umgibt und mit dem Sie in diesem Moment untrennbar verbunden sind.

Bleiben Sie eine Weile in diesem meditativen Bild und nehmen Sie dann langsam die visualisierte Flamme aus Ihrem Körper in Ihr Herzzentrum zurück, bis sie, gleichmäßig und leise flackernd, nur noch im innersten Zentrum Ihres Herzens, im Innersten des goldenen Dreiecks weiterbrennt. Dort belassen Sie sie mit der Gewißheit, daß sie Ihnen weiterhin Kraft und Liebesfähigkeit spendet und Sie sie jederzeit wieder auf Ihr gesamtes Körperfeld ausdehnen können.

Spielen Sie in der Folgezeit mit dieser Fähigkeit, dieses heilende Feuer Ihres Herzens nach Wunsch auszudehnen und wieder zurückzunehmen. Je besser Sie diese Fähigkeit beherrschen, um so leichter werden Sie sich ihrer heilenden und kräftespendenden Eigenschaften bedienen können.

Kehren Sie schließlich auf die altbewährte Methode, wie sie bereits zur Herzmeditation I ausführlich erläutert wurde, wieder ins Hier und Jetzt zurück.

9. Spiegelmeditation

Die „Spiegeltechnik" ist auf den optischen Nerv gerichtet, um ihn zu ermüden, so lange, bis sich die im Blick konzentrierte Kraft vom physischen Organ sanft ablöst und nach innen richtet, um dort wirksam zu werden.

Im Einzelnen empfiehlt es sich dabei wie folgt vorzugehen: Suchen Sie sich einen Raum, der ruhig gelegen, aufgeräumt und klar strukturiert ist. Setzen Sie sich dort mit möglichst bequemer Kleidung vor einen großen rahmenlosen Spiegel, der Ihren Körper in voller Größe widerzuspiegeln vermag. Fixieren Sie nun Ihre Augen, so daß sich nach und nach Ihre ganze Aufmerksamkeit auf Ihre Augen richtet. Versuchen Sie dabei, Ihren Blick weich werden zu lassen, so daß er ohne Anstrengung gleichmäßig und langsam von Ihren Augen in den Spiegel und vom Spiegel zurück in Ihre Augen fließt. Verharren Sie in dieser Stellung für wenigstens 30 Minuten und versuchen Sie, sich durch nichts ablenken zu lassen. Sollten gleichwohl Geräusche oder andere Lichteffekte Ihre Aufmerksamkeit ablenken, kehren Sie einfach wieder zu Ihrer alten Blickrichtung in den Spiegel und Ihre darin reflektierten Augen zurück.

Sollten Sie diese Meditationstechnik eine Weile geübt haben, werden Sie innere Bilder über sich selbst entdecken, wie Sie sich sehen, gesehen haben und vielleicht, mit etwas Glück, wie Sie zukünftig sein könnten, wenn Sie Ihren inneren Impulsen, Wünschen und Neigungen nachgeben würden und nach und nach in die Tat umzusetzen bereit wären.

Es ist eine hervorragende Technik, um sich selbst zu erkennen, wie man wirklich ist und was man sich wirklich im Innersten wünscht. Es ist darüber hinaus eine Möglichkeit zu erkennen, was an Ihnen authentisch ist und was bloßer Ballast, der immer und immer wieder mit großem Kraftaufwand mit sich geschleppt wird. Entscheiden Sie sich dann dazu, Ihren überflüssigen Ballast über Bord zu werfen, dann führt Sie diese Meditationstechnik zu einer wahrhaften Heilung, nämlich zu einer Heilung von überflüssigen Anteilen Ihres Selbstes. Eine Technik, die Sie mit etwas Ausdauer authentisch macht und zu Ihrem wahren Wesenskern zu führen vermag, zur Essenz, sozusagen.

10. Bodyflow - Meditation

Die Bodyflow - Meditation ist eine spezielle Technik um tiefliegende Traumata, Urspannungen und Urängste in sich selbst aufzuspüren, an die Oberfläche des Bewußtseins zu befördern und schließlich aus seinem Energiekreis endgültig zu entlassen. Sie wird mit geschlossenen Augen und nüchternem Magen aus- geführt und wirkt am besten morgens, gleich nach dem Aufstehen.

Sie wurde von dem Psychologen und Therapeuten Michael Barnett entwickelt, um im Rahmen seiner Therapien schneller und effektiver zum eigentlichen Problemkern vorzudringen. Sie entfaltet ihre Wirksamkeit am besten bei regelmäßiger Anwendung und beim Meditieren in einer mittelgroßen Gruppe. Sie kann allerdings auch allein ausgeführt werden; hier wäre es ratsam, zumindest bei den ersten Übungen eine Aufsichtsperson hinzuzuziehen.

Die Meditation teilt sich in 2 Phasen und dauert eine Stunde.

In den ersten 40 Minuten lassen wir unseren „Körper fließen." Das heißt, wir bewegen uns in einem von Gegenständen leergeräumten Raum mit geschlos- senen Augen in der Schnelligkeit und mit den Gebärden, die uns gerade spontan in den Sinn kommen. Da keine Begleitmusik existiert, ist der Meditierende aufgefordert, auf seinen inneren Rhythmus zu lauschen , auf seine Schwingung und gerade vorherrschende Energie und sich entsprechend dieser „inneren Musik" zu bewegen und zu verhalten.

Dabei ist alles erlaubt, außer regungslos zu verharren. Das bedeutet, daß Sie während der ersten Phase in ständiger Bewegung bleiben, auch wenn diese - je nach Ihrem inneren Rhythmus - einmal sehr langsam oder zurückhaltend sein kann. Innerhalb Ihrer konstanten Bewegung erlauben Sie sich alles, was Ihnen gerade spontan in den Sinn kommt. Sie können beispielsweise hüpfen, tanzen, springen, krabbeln, auf allen Vieren kriechen, am Boden robben oder grazile Ballettbewegungen machen, eben alles, was für Sie gerade stimmt. Benutzen Sie dabei auch Ihre Stimme. Zu Ihrer Bewegung können Sie rufen, fragen, schreien, laut und tief atmen oder schnaufen, lachen oder weinen, stöhnen oder erleichtert aufatmen, eben gerade das zum Ausdruck bringen, was in diesem Moment in Ihnen steckt und an die Oberfläche gelangen möchte.

Führen Sie diese Meditationstechnik gemeinsam mit anderen in einer Gruppe durch, dann wird in dem Raum schnell eine chaotische Situation entstehen, indem unterschiedliche Bewegungen und unterschied- lichste Laute aufeinandertreffen und miteinander verschmelzen. Und gerade das ist beabsichtigt. Lassen Sie sich von dieser Energie tragen, tauchen Sie ein und lassen Sie Ihre Selbstkontrolle los. Bringen Sie all Ihre Bewegungsimpulse und Stimmlaute mit ein, die bisher tief in Ihnen verborgen lagen und nun - in dieser besonderen, geeigneten Atmosphäre - auf Befreiung drängen. „Lassen Sie alles raus."

Nach 40 Minuten des „Fließenlassens" legen Sie sich still auf den Rücken und lauschen mit weiterhin geschlossenen Augen der Ruhe in sich und um Sie herum. Bleiben Sie mit Ihrer Aufmerksamkeit in Ihrer Mitte, im Herzen oder im Bauchzentrum und lassen Sie Ihre Gedanken frei fließen, ohne an etwas anzuhaften. Diese Ruhephase sollte mindestens 20 Minuten andauern.

Danach gönnen Sie sich etwas Gutes, vielleicht ein ausgiebiges Frühstück oder einen Waldspaziergang oder einfach eine schöne Musik, die Sie besonders schätzen und versuchen Sie die tiefe Stille und Entspanntheit, die Sie in der Ruhephase genießen durften, noch eine Weile im Alltag zu bewahren.

Üben Sie diese Meditation regelmäßig, dann entwickelt Sie sich zu einem wahren Jungbrunnen, der Sie von Spannungen, Unruhe und Sorgen sowie alten Ängsten und Traumata vollständig zu befreien vermag.

11. Darkness - Meditation

Die Darkness - Meditation schließt mit Ihren Wirkungen an die vorhergehende Bodyflow - Meditation an. Während die Bodyflow eine dynamische und damit typische Morgenmeditation ist, entfaltet die Darkness - Meditation ihre Wirkung am besten am Abend.

Suchen Sie sich einen Raum in Ihrer Wohnung oder Ihrem Hause, den Sie auf einfachem Wege vollständig abdunkeln können. Es ist wichtig, daß kein einziger Lichtstrahl in den Raum gelangen kann, weder künstliches noch natürliches Licht, weder durch Jalousiespalten noch durch`s Schlüsselloch.
Wenn Sie sich diese Bedingungen geschaffen haben, dann setzen Sie sich bequem und möglichst gerade in die Mitte dieses Raumes, mit geöffneten Augen und blicken Sie ruhig und entspannt in die Dunkelheit; atmen Sie ruhig und lassen Sie alle Gedanken, die Ihnen kommen, aufsteigen. Durchleben Sie diese Gedanken noch einmal für einen kurzen Augenblick und entlassen Sie sie dann in die Sie umgebende Dunkelheit. Befreien Sie sich so Stück für Stück von alledem in Ihnen, das bereit ist, noch einmal in Ihr Bewußtsein aufzusteigen und werden Sie von Mal zu Mal vertrauter mit der Dunkelheit, die Sie umgibt.

Nach einer Stunde beenden Sie die Sitzung und gönnen Sie sich anschließend bewußt etwas Schönes.

Diese Technik ist geeignet, Sie mit der Dunkelheit im Äußeren wie im inneren Selbst zu konfrontieren und diese wie alles andere auch anzunehmen und vollständig zu integrieren. Lernen Sie dabei mit der Zeit auch die eigenen Schattenseiten anzunehmen, so fällt es Ihnen leichter, auch mit dem Schatten im Äußeren, bei unseren Mitmenschen und in unserer Umwelt umzugehen und als gewöhnlichen Teil unseres Lebens anzuerkennen und in das Leben zu integrieren. Eine phantastische Möglichkeit, großzügig mit sich selbst und mit seinen Mitmenschen zu werden und mit dem was ist und wie es ist.

12. Lachmeditation

„Lachen hält gesund," verspricht ein altes Sprichwort und tatsächlich löst längeres intensives Lachen eine Vielzahl positiver hormonell-chemischer Vorgänge im Körper aus, vom Abbau von Stresshormonen bis hin zur Ausschüttung von Endorphinen, jenen Glückshormonen, die ein ausgeglichenes und zufriedenes Wesen ermöglichen.

Lösen Sie sich von Ihrer Überzeugung, daß es zum Lachen jeweils eines besonderen Grundes bedarf, dann eröffnen sich Ihnen die positiven Wirkungen des Lachens immer und überall, denn immer und überall besteht die Möglichkeit, herzhaft zu lachen und zu diesem Lachen auch offen und ehrlich zu stehen.

Eine gute Möglichkeit, dieses befreite lachende Bewußtsein einzuüben, wird mit der Lachmeditation gegeben.
Setzen Sie sich mit ein paar Freunden in einem Kreis zusammen, schließen Sie Ihre Augen und beginnen Sie so laut und herzhaft zu lachen, wie Sie nur können; sollte dies Ihnen am Anfang schwerfallen, dann schauspielern Sie zu Beginn ein wenig, oder rufen Sie sich Erinnerungen in Ihr Gedächtnis zurück, die Sie zum Lachen gebracht haben und geeignet sind, dies noch einmal zu tun. Mit der Dynamik, die sich in der Meditation entwickelt, wird sich rasch eine natürliche Situation ergeben, wo das Lachen zu einem ehrlichen, offenen und aus der Tiefe aufsteigenden wird, denn lachen steckt an.
Deshalb sollten Sie diese Meditation immer mit mehreren Personen gemeinsam durchführen, denn damit entsteht die das Lachen tragende Atmosphäre leichter und tiefer. Lassen Sie die Lachphase in der

Meditation eine dreiviertel Stunde andauern, so garantieren Sie, daß das entstandene lachende Bewußtsein sich tief in Ihnen entfalten kann und Sie auch durch den Alltag zu tragen vermag.

Danach legen Sie sich ruhig mit geschlossenen Augen 15 Minuten lang auf den Rücken hin und beobachten, was in Ihnen vorgeht, was das Lachen in Ihnen bewirkt und ausgelöst hat. Mit Ablauf der Entspannungsphase endet die Meditation.

Lachen Sie sich durch das Leben und lachen Sie auch öfter einmal über sich selbst! Einüben können Sie diese neue positive Lebenshaltung mit der hier vorgestellten Lachmeditation. Viel Spass dabei.

Auch diese Meditationstechnik wurde von dem indischen Meister Osho regelmäßig angewandt. Sie ist in Indien weit verbreitet und wird dort nicht nur in vielen Firmen als morgendliche Motivation für ihre Mitarbeiter angewandt, sondern auch von zahlreichen Thera-peuten und auch sogenannten „Lachclubs", wo das Lachen in den Mittelpunkt der Freizeitgestaltung gestellt wird.

13. Gourishankar - Meditation

Die Gourishankar ist eine für Körper, Seele und Geist lichtspendende Meditation, die Sie der Liebe und der Lust am Lebendigen zu öffnen vermag und dem Meditierenden spirituelle und körperliche Kraft verleiht, seinen Alltag und seine Aufgaben im Leben zu bewältigen.

Sie wirkt damit besonders positiv in melancholischen Phasen, bei Depressionen und Angstneurosen und ist eine hervorragende Technik zur Bewältigung von Trauerarbeit im allgemeinen wie auch bei der Begleitung von Sterbenden und deren Hinterbliebenen.

Da diese Meditation sowohl innerlich als auch äußerlich eine festliche Atmosphäre zu schaffen in der Lage ist, ist sie natürlich auch geeignet besondere Tage noch feierlicher zu gestalten, wie beispielsweise Geburts-, Jahres- oder Gedenktage. Besonders intensiv entfaltet Sie Ihre Wirkung am Tage der Winter- und der Sommersonnenwende, da hier der Rhythmus der Meditation mit der herrschenden kosmischen Schwingungsenergie vollständig übereinstimmt, so daß ein intensives Erleben der Übereinstimmung von Innen und Außen sowie von Oben und Unten bei den Meditationsteilnehmern erzielt werden kann.

Die Meditation hat 4 Phasen von jeweils 15 Minuten und wurde ebenfalls von dem bekannten indischen Meister Osho entwickelt.

In der ersten Phase setzen Sie sich entspannt und bequem aufrecht in einen harmonisch ausgestalteten Raum. Schließen Sie die Augen und atmen Sie tief durch die Nase ein, füllen Sie dabei Ihre Lungen vollständig aus. Halten Sie dann den Atem einige Sekunden an, um dann durch den Mund wieder auszuatmen. Halten Sie auch hier den Atem wieder für einige Sekunden an, um dann erneut durch die Nase einzuatmen usw. Halten Sie diese Atemtechnik während der ganzen ersten Phase bei.

In der zweiten Phase nehmen Sie wieder Ihren normalen Atemrhythmus an, öffnen die Augen und blicken ganz weich in eine Kerzenflamme vor Ihnen. Halten Sie in dieser Phase Ihren Körper ganz ruhig und konzentrieren Sie sich voll und ganz auf die leuchtende und hin und wieder flackernde Kerzenflamme.

In der dritten Phase stehen Sie auf, schließen Ihre Augen wieder und halten Ihren Körper locker, offen und empfänglich. Wenn Sie spüren, daß Ihr Körper sich langsam hin- und herbewegen möchte, dann geben Sie diesem Impuls nach und wiegen sich langsam, so etwa wie ein Schilfrohr sanft im Wind. Dies bezeichnet man als: „Latihan" und es ist wichtig, daß nicht Sie selbst diese Bewegung machen, sondern daß Sie die Bewegung geschehen lassen, ganz leicht, ganz biegsam, ganz sanft.

In der letzten Phase legen Sie sich mit geschlossenen Augen auf den Rücken hin und seien Sie ganz bei sich, völlig entspannt und vollkommen mit Licht und Frieden angefüllt.

Dies ist eine der schönsten Meditationen, die ich kenne und sie bewirkt Schönheit und Harmonie im Inneren wie im Äußeren. Die dazugehörende Musik ist wiederum im Musikhandel oder über jedes Osho-Center in Deutschland und Europa erhältlich.

Zusammenfassung

Es gibt grundsätzlich zwei Möglichkeiten sein Leben zu gestalten. Die eine ist der selbstbehauptende Weg, der gekennzeichnet ist, durch Konkurrenz, Auseinandersetzung, dem Streben nach immer Neuem und immer Modernerem, Kampf, Anspannung, Stress und Gegnerschaft mit seinen Mitmenschen. Diesen Weg könnte man auch als „Ebene des Werdens und Vergehens" bezeichnen, denn alles, was durch diese Lebenshaltung - teils mühsam - errungen wurde, wird im Laufe der Zeit wieder vergehen, es wird altern, abgenutzt und verschlissen sein, und schließlich zerfallen und in seine ursprüngliche Substanz zurückkehren.

Die zweite Möglichkeit besteht darin, sich dem wirklichen Leben zu öffnen, das gekennzeichnet ist durch liebevollen Umgang miteinander, durch effektives Zusammenwirken von Menschen ohne Konkurrenz, sondern zur Erreichung eines gemeinsam von allen erstrebenswert gehaltenen Zieles und der Verbundenheit mit seiner Umwelt, der Natur, der Lebewesen in dieser Natur und seinen Mitmenschen. Dieser Weg wurde immer schon als „Ebene des Seins" bezeichnet, einer Ebene, wo es nicht um Machen, Erreichen und Gewinnen geht, sondern um die Entfaltung der heute und in diesem Augenblick gegebenen eigenen Möglichkeiten in Harmonie und Ausgeglichenheit. Und dieser Weg wurde in allen früheren Kulturen als jener Weg bezeichnet, der ein Erleben der Einheit und Verbundenheit mit dem Urquell aller Dinge ermöglicht, mit dem Urquell, der auch in jedem von uns sprudelt, zu dem wir nur unsere Rückverbindung irgendwann im Laufe der Zeiten verloren zu haben scheinen.

In der modernen psychosomatischen Medizin ist anerkannt, daß Krankheiten psychischer und in der Folge auch physischer Art aus einer Unordnung der menschlichen Seele erwachsen. Zur Wiederherstellung der inneren seelichen Ordnung ist Meditation eine seit Jahrtausenden bewährte Methode. Gleichzeitig bietet sie die Möglichkeit zur Wiedererlangung der eigenen Rückverbindung mit dem Urquell allen Seins, sofern man hierfür bereit und offen ist.

Durch ihre entspannende, konzentrierende und auch bewußtseinserweiternde Wirkung sowohl auf die Körper- und Nervenzellen als auch auf Seele und Geist, bietet sie einen ganzheitlichen Heilungsansatz, der in der Lage ist, Heilung bereits in den tief liegenden Ursachen einer Erkrankung zu bewirken. Zu der modernen Gerätemedizin, die trotz ihres unbestreitbaren Fortschritts gerade bei vielen chronischen Erkrankungen noch immer lediglich die Symptome einer Krankheit zu bekämpfen weiß, stellt regelmäßige und gezielt angewandte Meditation eine hervorragende Ergänzung dar, die gerade auch in der immer weiter zunehmenden Hektik der modernen Welt einen Körper-Seele-Geist-Ausgleich herbeizuführen vermag und so auch eine immerwährende einfache und kostengünstige Vorbeugungsmethode zur Verhütung der Entstehung von Krankheiten bietet.

„Das wahre Ziel des Lebens ist die Lust und die Befriedigung zu sein," schreibt Alexander Lowen in seinem Buch: „Depressionen".

Zur Herbeiführung dieses Lebenszieles und der damit verbundenen Energieerneuerung und Energieniveausteigerung im Menschen kann Meditation einen ganz wesentlichen Beitrag leisten.

Nachwort

Eine wirkliche Heilung im ganzheitlichen Sinne vermag Meditation erst dann vollständig zu gewähren, wenn sie von einem selbst so verinnerlicht wird, daß sie - sozusagen wie von selbst - in den natürlichen Alltag und seine Gestaltung integriert werden kann und damit eine spezifische Lebenshaltung nach sich zieht.

Folgende Lebensregeln erleichtern die Einstimmung auf eine solche Lebenshaltung der sogenannten **„goldenen Mitte"**:

1. Sichern Sie sich einen Teil Ihres Lebens oder Ihres Tagesablaufs, um in dieser Zeit fest und aktiv eine neue und bewußtere Lebenseinstellung zu fixieren, zum Beispiel: um ganz bewußt Musik zu hören, ganz bewußt die blühenden Blumen in Ihrem Garten zu betrachten oder ganz bewußt Bilder, Landschaften oder die eigene Umgebung zu erkunden.

2. Führen Sie ein einfaches nüchternes Leben. Entrümpeln Sie Ihren Tages- und Wochenablauf von allen nicht unumgänglich notwendigen Aktivitäten, um „freie" Zeit zu „gewinnen", die Sie dann ganz bewußt aktiv zur Verwirklichung Ihrer Herzenswünsche nutzen können, die Sie sich schon lange erfüllen wollten, oder aber um einfach bewußt nichts zu tun, um zu entdecken, daß weniger auch durchaus mehr sein kann.

3. Vermeiden Sie überflüssige Anstrengungen, Hektik und Termindruck.

4. Vermeiden Sie ebenso Ausschweifungen und Überanstrengungen.

5. Versuchen Sie dagegen Ihr Leben möglichst neutral und ausgeglichen zu gestalten; schlafen Sie immer genügend und essen und trinken Sie maßvoll.

6. Achten Sie immer auf die Gesundheit Ihres Körpers; halten Sie stets Ihre Seele in Ruhe und Harmonie, frei von Impulsivität, Leidenschaft und Unruhe und achten Sie stets auf einen Ausgleich zwischen Ihren körperlichen und seelischen Belangen.

7. Versuchen Sie immer neutrale Distanz zu den Handlungen, Gedanken und Urteilen anderer Menschen zu halten, freundlich, jedoch bestimmt. Seien Sie wachsam im Geiste und beobachten Sie in: „Schweigen, Einsicht und Unerschütterlichkeit," versuchen Sie dabei sich eines Urteils freundlichst zu enthalten.

8. Sollten Sie durch Leidenschaften aus dem Gleichgewicht gebracht werden, versuchen Sie trotzdem zurück zu Ihrem Zentrum, zum Beispiel mittels Herzmeditation, zu finden und versuchen Sie dann unter Rücksichtnahme auf Ihre Gesundheit und die Gefühle Ihrer Mitmenschen Ihre Wünsche zur Befriedigung zu führen. Sind sie befriedigt, dann lösen Sie sich langsam von den Sie aufwühlenden Gefühlen.

9. Meditieren Sie täglich.

Verfolgen Sie diese Lebensrichtung langsam aber stetig weiter, dann wird sich mit der Zeit auch Ihr Geist allmählich beruhigen und damit wird sich eine innere Kraft entfalten können, die Sie zu einer Innerlichkeit führen wird, von der Sie früher nichts wußten und zuvor so nicht zu spüren vermochten. Sie werden dann eine Rückverbindung zu sich selbst empfinden. Sie werden in sich selbst ruhen und aus dieser stillen und gleichsam „erleuchteten" Ruhe kann schließlich ein Gefühl innerer und befreiter Zufriedenheit entspringen. Dieses Gefühl versuchen Sie zu fixieren und in jeder Lebenslage zu bewahren. Dann, so versichere ich Ihnen, sind Sie weit gekommen, sehr weit!

INHALTSVERZEICHNIS:

TRANSFORMATION TIEFENENTSPANNUNG TANZ & ...

"Gehe in das Innerste Deines Wesens, in die tiefste Tiefe Deines Herzens, und dieses verwandelnd und entfaltend, wirst Du den Stein der Weisen finden, das wahre Lebenselixier."

Alle in diesem Buch vorgestellten Meditationen werden in unserem Zentrum durchgeführt, sowohl im Rahmen von regelmäßigen Wochenendangeboten als auch in Workshops, Seminaren und Einzelsitzungen. So bieten wir unter anderem jeden Fr., Sa. & So. um 19:00 Uhr einen Meditationsabend an. Im weiteren Angebot befinden sich Yogakurse, Seminare zur Familienaufstellung und Channeling, Reinkarnations-Workshops, Meditationswochenenden und die Seminare „Heiltage" und „Heilvolle Hände" mit Swami Prem Jayant.

Für nähere Auskünfte wenden Sie sich bitte an: Meditation-Center, Frankfurter Strasse 22, 64560 Erfelden am Rhein, Tel.: 06158/188761; Fax: 188760

Swami Prem Jayant
&
Swami Antar Pradeep

Meditation - Center

Heilvolle Hände mit Swami Prem Jayant

Alles im Universum ist energetisch miteinander verbunden und alles im Universum besteht essentiell aus Energie. Swami Prem Jayant ist in der Lage, diese Energie zu sehen, zu fühlen und über seine Hände als Heilenergie weiterzuleiten. Im Rahmen seiner Seminare und Workshops arbeitet er mit magnetischer Heilung, Punktheilung, Lichtheilung sowie mit Aura- und Chakrenheilung. Darüber hinaus ist er in der Lage, Ihre persönliche Energieschwingung ganz allgemein zu erhöhen, auszugleichen und zu harmonisieren. Unter anderen speziellen Techniken wendet er hier auch die Technik des Chantens und Visualisierens an. Durch seine Arbeit bietet er die Möglichket einer Heilung im ganzheitlichen energetisch-spirituellen Sinne.

Die heilende Kraft seiner Hände wird angeboten im Rahmen der Wochenendseminare: **„Heiltage"** und **„Heilvolle Hände"**. Weiterhin besteht die Möglichkeit zu regelmäßigen Einzelsitzungen. Für weitere Informationen und Terminvereinbarungen wenden Sie sich bitte an:

Swami Prem Jayant Meditation-Center, Frankfurter Strasse 22, 64560 Erfelden am Rhein, Tel.: 06158/188761; Fax: 06158/188760;